AF562623

LETTRE INÉDITE

du duc de Bourgogne Philippe le Bon à son beau-frère le duc de Bourbon, Charles Ier, après la levée du siège de Calais (août-septembre 1436).

(Archives du Nord. Chambre des Comptes de Lille. Portefeuille des minutes des Lettres missives, non datées, du XVe siècle).

La lettre inédite que nous publions ci-dessous est une minute ni signée, ni datée et dont le nom du destinataire n'est pas indiqué. Mais, grâce au contexte et au récit des évènements qu'elle fait, nous espérons pouvoir : 1° l'attribuer au duc de Bourgogne, Philippe le Bon ; 2° la dater du mois d'août ou de septembre 1436 ; 3° lui donner pour destinataire le duc de Bourbon, Charles Ier.

On sait qu'aussitôt après la conclusion du traité d'Arras (21 septembre 1435) qui scella la réconciliation du duc Philippe le Bon avec le roi Charles VII, l'alliance des Bourguignons et les Flamands, les rapports du duc de Bourgogne avec le roi d'Angleterre, son ancien allié, devinrent très tendus. Philippe le Bon avait cru devoir envoyer au roi Henri VI un héraut pour le prévenir qu'il venait de signer la paix avec le roi de France. Cette démarche courtoise fut très mal accueillie à la cour et dans la population à Londres. Il n'était personne, dit de Barante, dans le conseil du roi d'Angleterre, qui n'éclatât en injures contre le duc. La mêmeindignationse propagea parmi le peuple qui voulait même massacrer tous les marchands flamands ou brabançons. Le roi fut obligé de donner des ordres pour qu'on les protégeât, et, après avoir traité très grossièrement le héraut porteur de la lettre, il lui permit cependant de se retirer.

Déjà, d'après Kervyn de Lettenhove (1) les Anglais et les Bourgui-

(1) Histoire de Flandre. Tome IV, p. 264.

gnons se considéraient comme ennemis. Les Anglais arrêtèrent sur mer les navires destinés aux États du duc de Bourgogne. A leurs gros vaisseaux se mêlait une petite flotte commandée par un banni de Gand, nommé Yoens, homme très redoutable, inspirant la plus grande terreur, qui, heureusement, pour le commerce flamand, périt bientôt dans une tempête. Les hostilités recommençaient en même temps sur les frontières d'Artois où la garnison de Calais tentait d'enlever la forteresse d'Ardres. C'est alors que le duc de Bourgogne adressa au roi Henri VI une longue lettre dans laquelle il énuméra toutes les entreprises dirigées contre ses sujets, notamment les tentatives des Anglais pour exciter en faveur de Jacqueline de Bavière une révolte en Hollande. Après une discussion fort vive dans le conseil du duc de Bourgogne, le parti de la guerre l'emporta et il fut décidé qu'on chercherait à s'emparer de Calais. C'était le plus sûr moyen de rendre la guerre populaire chez les habitants des grandes cités industrielles et commerciales de la Flandre. Le Duc fit annoncer, en effet, aux bourgeois de Gand par le sire de Comines, grand bailli de Flandre, et par maître Gosserin, un de ses conseillers de la châtellenie de cette ville, tous ses griefs contre le roi d'Angleterre. Ceux-ci leur rappelaient que le Duc avait le dessein de s'emparer de Calais, leur remémorant ce qui leur avait été déjà exposé quand le bon duc Jean avait voulu assiéger cette ville, c'est-à-dire qu'elle était du comté d'Artois, qu'elle en avait été indûment détachée et que, en conséquence, elle appartenait au Duc par droit domanial et héréditaire. Ils dirent aussi que la ville étant en la possession des Anglais, leur donnait le moyen d'entrer toujours en Flandre et de gêner le pays. Ils n'oublièrent pas enfin de faire valoir le tort que depuis quelque temps les gens de Calais faisaient au commerce des Flamands, en leur refusant de leur vendre les laines, l'étain, le plomb, les fromages et les autres marchandises d'Angleterre, autrement qu'en lingots d'or fin, rejetant leur monnaie, tandis qu'ils recevaient les monnaies des autres pays (1).

Pendant ce temps, les Anglais continuaient à se conduire de manière à offenser le Duc de plus en plus. Le roi Henri VI, pour le braver, créa le duc de Glocester, comte de Flandre et donna le comté de Boulogne au comte de Beaumont.

---

(1) Histoire des ducs de Bourgogne. Tome IV, p. 113.

De Barante et Kervyn de Lettenhove (1) font le recit d'après Monstrelet et Duclercq des préparatifs des communes flamandes pour réunir une armée destinée à assiéger Calais et às'en emparer, de la marche de cette armée placée sous les ordres du Duc, de son arrivée devant cette ville, des péripéties du siège jusqu'au jour où les Gantois se disant trahis, entraînèrent dans leur opinion les milices des autres villes de Flandre et obligèrent ainsi Philippe le Bon à lever son camp, sans même attendre l'arrivée de l'armée du duc de Glocester qui lui avait porté un défi auquel il avait fièrement répondu. Gravement blessé dans son honneur chevaleresque, le Duc se retira avec « une amère desplaisance de cœur », à Lille (juillet-août 1436) pendant que, rentrées dans leurs foyers les communes flamandes se soulevèrent contre son autorité.

C'est donc sans doute de Lille qu'il fit écrire la lettre publiée ci-dessous et dont l'écriture paraît être, soit de son chancelier, soit de Georges d'Ostende qui avait succédé à Thierry Gherbode dans les fonctions de garde des chartes de Flandre. Elle est adressée à un personnage que le Duc qualifie de « très-cher et très-amé frère ». Or, il n'eut jamais de frère. Il ne peut donc donner cette qualité qu'à un de ses beaux-frères. A cette époque, d'ailleurs, l'expression de pères ou de frères s'appliquait aussi bien aux beaux-pères et aux beaux-frères qu'aux pères et frères naturels. En 1436, outre le roi Charles VII qui doit être immédiatement écarté, le duc Philippe le Bon n'avait que deux beaux-frères : 1° Adolphe II, duc de Clèves, époux de Marie de Bourgogne, fille du duc Jean Sans Peur, et sœur du duc Philippe le Bon ; 2° Charles Ier, duc de Bourbon, mari d'Agnès de Bourgogne, aussi fille de Jean Sans Peur et sœur de Philippe le Bon.

Le premier de ces princes ne peut être le destinataire de la lettre, puisque dans une de ses dernières phrases, celle où le Duc lui demande des secours ou hommes d'armes, il ajoute « se faire se povoit sans blesser le fait de monseigneur le Roy ». Or, jamais le duc de Clèves ne s'est trouvé ni sous l'autorité ni dans l'alliance du roi de France.

Il ne peut donc s'agir que de Charles de Bourbon qui, au contraire, ne pouvait prendre aucun engagement sans le consentement du roi Charles VII Il était, en effet, son vassal, le servait dans ses armées et dans ses conseils. Ce fut même lui qui lors de la cérémonie qui suivit la signature du traité d'Arras, lui rendit l'humiliant service de le repré-

(1) Idem. loc. cit. p. 127 ; Kervyn de Lettenhove. Histoire de Flandre. T.IV, p. 271.

senter pour se jeter aux pieds du duc de Bourgogne et lui faire amende honorable du meurtre du duc Jean Sans Peur, ainsi que le portait une des stipulations expresses du traité. Il semble donc qu'il ne peut y avoir d'hésitation quant à cette attribution.

Cette lettre est assez curieuse au point de vue historique pour qu'on nous permette d'en donner ici l'analyse. Elle trace, en effet, un exact résumé des évènements qui ont signalé le siège de Calais et sa levée. Elle confirme, d'ailleurs, les récits des chroniqueurs contemporains, Monstrelet et Duclercq et des historiens modernes, de Barante et Kervyn de Lettenhove.

Le duc de Bourgogne commence par dire qu'il ne doute pas que son beau-frère a su comment il avait mis en campagne (*mis sus*) son armée composée de ses gens et sujets des Quatre Membres de son pays de Flandre avec une partie de ses nobles vassaux, féaux et gens de guerre de Picardie pour mettre le siège devant sa ville de Calais qui est de son ancien patrimoine et héritage, afin de la recouvrer des mains et de la puissance du roi d'Angleterre, vieil ennemi du Roi (de France) de lui, Duc et des habitants qui la détenaient autrefois en son nom. Il était donc venu avec toute son armée devant cette ville pour mettre à exécution ce projet. Cette armée campée devant la ville était divisée en deux parties : l'une comprenait les gens des ville et châtellenie de Gand avec une portion de ceux des villes de Bruges, d'Ypres et du Franc ; l'autre constituée par les nobles et les gens de guerre de Picardie s'était établie « par manière de logis et non de siège ».

Bien que son armée (*ost*) fût nombreuse (*puissant de gens*) et bien fournie d'armes, artillerie et munitions (*habillemens de guerre*) et que le Duc eût les fermes désirs et volonté de diligeamment travailler (*besoingner*) à la réussite de cette entreprise, cependant une fois arrivé devant Calais, il s'aperçut de certaines choses qui diminuèrent l'assurance qu'il avait dans la constance et la continuation des services de ses gens de Flandre, spécialement de ceux de Gand et qui commencèrent à lui en faire douter, ce qui se réalisa comme on le verra plus loin. Aussi, il ne s'établit devant la ville, ainsi qu'il est dit plus haut que *par manière de logis et non de siège*, ne fit braquer, ni tirer aucunes bombardes et ne fit pas sommer la garnison d'avoir à se rendre, ainsi qu'on a coutume de faire en pareil cas (1).

---

(1) Le duc Philippe-le-Bon insiste sur ce point pour atténuer son échec et laisser entendre qu'en somme, il n'a pas, à proprement parler, assiégé la ville de Calais.

Après l'arrivée du héraut d'Angleterre, Pembroke, chargé de lui porter le défi du duc de Glocester (*dénoncer la bataille*), ainsi qu'il l'a déjà écrit bien au long au duc de Bourbon, le duc de Bourgogne fit connaître à ses dites gens de Flandre la relation de ce qu'avait déclaré ledit héraut, la réponse qui lui avait été faite, ajoutant même qu'à cause de la ferme et entière confiance et de l'espérance qu'il avait en sa bonne et juste querelle, avec l'aide de Dieu et de ses dites gens de Flandre, ainsi que dans les promesses qu'il en avait reçues, il était déterminé à attendre de pied ferme l'arrivée des ennemis. Il demanda aux dites gens de Flandre de vouloir en cette entreprise vivre et mourir avec lui comme ils l'avaient promis, comme lui-même vivrait et mourrait avec eux ainsi qu'il leur avait promis.

Considérant que l'emplacement qu'il occupait avec les dites gens de Gand n'était pas favorable pour attendre l'arrivée des ennemis et leur livrer bataille, le Duc fit demander de vouloir bien se *retraire* avec lui, ses nobles et les gens de guerre de sa suite, en un autre endroit assez proche, d'ailleurs, du premier, où, sans s'éloigner de la ville de Calais, mais à cause de la proximité de la rivière, les vivres pourraient leur parvenir sans danger. Ce nouvel emplacement était indiqué et désigné comme étant le meilleur, le plus favorable et le plus avantageux pour attendre les ennemis et leur livrer bataille. Les Gantois acquiescèrent à cette proposition. A plusieurs reprises, le Duc leur déclara encore qu'il était certain de la prochaine arrivée des ennemis et que la bataille aurait lieu dans un bref délai, leur renouvelant les requêtes et les prières qu'il leur avait faites précédemment. De nouveau et à diverses fois, les Gantois promirent de rester fidèlement avec lui, jurant qu'ils ne l'abandonneraient pas, ni ne feraient défaut dans cette occasion.

Cependant, sans aucune considération pour son honneur ni pour le leur, sans aucun égard à leurs promesses ni aux faits énumérés ci-dessus, le samedi 28 juillet, dernièrement passé (1436), très tard dans la nuit, alors que le Duc attendait la venue des ennemis pour le lundi ou le mardi suivant, et le jour même où ils avaient renouvelé leurs promesses, les Gantois vinrent le trouver et lui annoncèrent qu'ils avaient tenu conseil entre eux et avaient décidé de quitter cette nuit même l'emplacement qu'ils occupaient pour se retirer près de la ville de Gravelines en Flandre, à trois lieues de Calais, et que là ils attendraient les ennemis en mettant entre eux et ceux-ci la rivière dudit Gravelines. Aussitôt, sans vouloir écouter ni les prières ni les requêtes du Duc, ni ses avis et ses avertissements, ils se retirèrent dans le cours de ladite nuit avec les gens de la châtellenie (dudit Gand) audit emplacement près de Gravelines. Bien plus, ils firent si bien que les gens de Bruges, d'Ypres et du territoire du Franc, qui seraient volontiers restés auprès du Duc pour lui obéir, se retirèrent aussi et les suivirent.

Voyant que la « compagnie » des nobles et des gens de guerre demeurée avec lui n'était pas suffisante pour résister à la puissance des ennemis, d'autant plus que, dès le commencement de son arrivée devant Calais et avant d'avoir remarqué les hésitations des gens de Flandre, qui lui semblaient assez forts pour résister aux ennemis, il avait envoyé la plus grande partie de ses nobles et gens de guerre devant certaines places de cette frontière occupées par les Anglais, ses vieux ennemis et ceux du Roi pour en faire la conquête, places, d'ailleurs dont ils prirent plusieurs et assiégèrent encore les autres ; le duc de Bourgogne estima prudent de se retirer en même temps que les Flamands dans ladite ville de Gravelines, abandonnant ainsi l'entreprise dont il avait commencé l'exécution, ce qui lui causa une si *amère desplaisance de cœur* qu'il ne peut l'exprimer.

Cependant, comme il a su que, depuis son départ, ledit duc de Glocester est arrivé en la ville de Calais avec une nombreuse armée (*à grant puissance*) et que prochainement, il doit y en arriver encore une aussi forte, il se met en campagne, après avoir publié son *mandement général* (convocation du ban et arrière-ban) dans tous ses pays de Par-dèçà avec l'intention d'assembler et d'équiper le plus grand nombre de troupes qu'il pourra réunir, afin de résister aux entreprises desdits ennemis.

C'est ce que Philippe le Bon mande au duc de Bourbon, son beau-frère, afin que celui ci connût l'exacte vérité de cette affaire (*besoigne*), et comment elle s'est passée. Il voudrait bien et aurait à grand plaisir si faire se pouvait, sans porter aucun préjudice au service du Roi, que le duc de Bourbon vint auprès de lui le plus tôt possible avec la plus grande quantité de gens d'armes et de trait qu'il aurait pu assembler. Il a l'espoir, avec l'aide de Dieu, que réunis, ils pourront faire tous deux *telle chose* qui tournerait au grand profit et honneur du Roi, du sien et au grand *reboutement* et *refoulement* de leurs vieux ennemis.

Cette lettre paraît être restée sans réponse. Le duc de Bourgogne dut, d'ailleurs, abandonner, au moins momentanément, tout projet de s'emparer de Calais pour donner tous ses soins à la répression des violentes et sanglantes séditions des bourgeois et des corps des métiers de Gand et de Bruges. Quand il les eut apaisés, il put reprendre ce projet à la fin de l'année 1438. On lui persuada alors qu'en rompant les digues, il parviendrait à inonder la ville et à forcer les Anglais à l'abandonner. Un grand nombre de pionniers et de manœuvres fut assemblé, et ils travaillèrent sous la protection d'environ 5.000 combattants que commandaient le comte d'Etampes et le sire de Croy. Toute cette peine et cette dépense furent inutiles, et l'on s'aperçut, mais trop tard, que c'était une chose impraticable. Les Anglais ne souffrirent d'autre dommage de cette entreprise que de voir la campagne de Calais et de Guines dévastée par les Bourguignons (de Barante).

Il était réservé à François de Guise de rendre Calais à la France cent ans plus tard (1558) par une habile conception stratégique hardiment et vaillamment exécutée.

« Très cher et très amé frère, Vous avès sceu comment j'avoye fait et mis sus mon armée, de mes gens et subgez des quatre membres de mon païs de Flandrez avecques partie de mes nobles vassaulx, féaulx et gens de guerre de Picardie pour mettre le siège devant ma ville de Calais qui est de mon ancien patrimoine et héritage, afin de la recouvrer des mains [*et de la puis*] (1) sance du Roy d'Angleterre, ancien ennemi du monseigneur le Roy et de nous et de ceulx qui de par lui la détenoient............ (1) aussy estions venus à tout nostre dicte armée devant icelle ville pour exécuter notre entreprinse. Si est vray très cher............ que nous estans ainsi devant ladicte ville ou estions logiez en deux partiez c'est assavoir ceulx de nostre ville et chastellenie de Gand avec nous en une partie et ceulx de nos villes de Bruges et d'Ypres et de nostre terroir de Franc et qui les suivent avec partie de nosditz noblez et gens de guerre en une aultre partie par manière de logis et non de siège ; car combien que nostre ost fust puissant de gens et bien fourni de habillemens de guerre, et eussions grant désir et voulenté de très-bien et diligemment besongnier à l'expédicion de nostre dicte emprinse. Toutevoye pour ce que après que y fusmes arrivés devant apperceumes aucunez choses qui nous donnèrent occasion de non estre fermement asseurez de la constance et continuacion de nosdictes gens de Flandrez en espécial de ceulx de Gand ains nous donnèrent couraige de doubter, ce qui est avenu comme cy aprez est déclarié, nous ne nous y meismes que par manière de logis et non de siège comme dit est, ne y

(1) Parties de la pièce détruites par la dent des souris.

feismes asseoir, ne tirer aucunes bonbardes contre ladicte ville, et aussi ne feismes point sommer ceulx de dedens comme il est acoustume de faire préallablement. Et après la venue de Pennebrouc le hérault, qui nous vint dénoncer la bataille de par le duc de Glocestère, ainsy que bien au loing nous avons escript et signiffié, donnasmes à congnoistre à nosdictes gens de Flandrez le rapport dudit hérault et la response que sur ce luy avions bailliée et mesmement que pour la ferme et entière confiance et espérance que avions en l'aide de Dieu et d'icellez noz gens et en leurs promesses que faictes nous avoient et en nostre bonne et juste querele nous estions conclus et déterminés d'atendre la venue des ennemis en leur requérant que en ceste besoigne voulsissent vivre et mourir avesques nous comme promis l'avoient et que nous vivrions et mourrions avesques eulx ainsi que pareillement promis leur avions et avesques ce pour ce que la place pour nous et nos gens de Gand estions loigiez n'estoit pas convenable pour attendre lesdits ennemis et recevoir ladicte bataille, leur feismes requérir d'eulx vouloir retraire avec nous et nos noblez et gens de guerre que avions en nostre compaignie en certaine place assez prez de leur loigis, sans guière eslongnier de ladicte ville de Calais, prouchaine de rivière et où vivres povoient venir sanz dangier et laquelle entre les autres placez d'illec environ estoit aaisiée et choisie pour la meilleur et plus convenable et avantagieuse place qui y fut pour attendre lesdits ennemis à bataille : laquelle chose ilz nous promirent ainsi faire et encoirez depuis par diverses leur deismes que la venue desdits ennemis estions au vray et de divers lieux acertenés et tout asseurés d'avoir la bataille et très brief, comme nous estions véritablement en leur rafreschissant les prières et requestez tellez que dessus : lesquelz tous généralement de rechief par plusieurs fois nous promirent de demourer avec nous, disans que pour riens ne nous vouldroient délaisser ne faillir. Toutevoyes les dessusdits de Gand, non pesans nostre honneur, ne le leur et sans avoir regard à leurs promesses et choses dessus dictes, le samedi XXVIIIe jour du mois de jullet darrenier passé, bien tart en la nuyt dont attendions lez ennemis le lundi ou mardi après et auquel jour ilz nous avoient raffreschiés et renouvellées leurs dictes promesses, vindrent devers nous disans qu'ilz avoient eu advis entr'eulx ensemble et conclut de partir ladicte nuyt de la place où loigiez estoient et d'eux retraire en certaine place près de la ville de Gravelinghes en nostre pays de Flandres qui est à trois lieues dudit Calais, et illec actendre lesdits ennemis, en mettant la rivière dudit Gravelinges entre eulx et iceulx ennemis,et tantost soudainement sans vouloir obtempérer à prière et requeste que leur feissions, ne user de conseil et advertissemens que leur donnissions, se départirent celle dicte nuyt ensemble ceulx de ladicte chastellenie et s'en vindrent retraire en ladicte place près de Gravelinghes et encoires non contens de ce, firent tant que ceulx de nosdictes villes de Bruges et d'Yppre et de nostre dit terroir du Franc qui voulentiers feussent demourez et acompli nostre désir, se départirent pareillement et vindrent avesques eulx. Et tant que veant que la compagnie de nos noblez et gens de guerre que avions là avec nous, n'estoit pas souffisant pour soustenir la puissance desdits ennemis, mesmement que dès le commencement de nostre logis et paravant que apperceussions la variacion desdits de Flandres qui nous sembloient moult puissans pour résister aux diz ennemis, avions envoié la plus grant partie d'iceulx nos noblez et gens de guerre devant certaines places estans en celle marche détenues par lesdits Englois, les anciens ennemis de monseigneur le Roy et de nous, pour conquester icelles dont ilz avoient desjà aucunes conquestées et tenoient le siège devant aultres, nous convint avec lesdits de Flandres partir et venir retraire en ladicte ville de Gravelinghes, en délaissant pour ceste fois ce que commencié avions, à telle et si amère desplaisance de cuer que plus ne povoit. Et néantmoins, mon très-chier et très-amé frère, pour ce que avions sceu certainement que depuis notre partement, de devant nostre ville de Calais, ledit Duc de Glocester est arrivé en icelle ville de Calais à grant puissance et que très-brief y doit descendre encoires autre puissance d'Anglois, nous de rechief nous mettons sus et avons fait nostre mandement général par tous nos païs de pardeça en entencion de assembler et mettre sur la grande puissance que pourrons pour résister aux entreprinses desdits ennemis. Lesquelles choses nous vous escripvons afin que vous aiés vraye congnoissance de la vérité et de la besongne et comment elle est alée, et vouldrions bien et seroit nostre plaisir se faire se povoit sans blessier le fait de monseigneur le Roy, que à la greigneur compaignie de gens d'armes et de trait et le plus brief que faire le pourrés vous vous traissiés pardevers nous. Et avons espérance, à l'aide de Dieu, que nous, joins ensemble ferrons tel chose qui tourneroit au grand prouffit et honneur de monseigneur le Roy et de nous et au grant reboutement et foulement des ses ancieus ennemis. »

Archives du Nord. — Chambre des Comptes de Lille. — Collection des Lettres Missives : portefeuille du XVe siècle ; minute originale en assez mauvais état, sur papier.

www.ingramcontent.com/pod-product-compliance
Lightning Source LLC
LaVergne TN
LVHW010338230826
846091LV00009B/3934